AF252649

DISCOURS

Prononcé par M. l'Archevêque de Malines, dans l'Église Métropolitaine de Paris le 1.ᵉʳ décembre, pour l'Anniversaire du Couronnement de S. M. I. et R.

Isti sunt dies quos nulla unquam delebit oblivio, et per singulas generationes, cunctæ, in toto orbe., provinciæ celebrabunt.

Voici les jours à l'abri des atteintes du temps et de l'oubli, et que, de génération en génération, la terre célébrera avec solennité.

AU LIVRE D'ESTHER, *c. IX. v. 28.*

LORSQUE l'Écriture nous a transmis par ces paroles le souvenir du triomphe que le Seigneur avait accordé aux pieuses larmes de la reine que sa providence avait, pour le salut de son peuple, placée sur le trône d'*Assuerus*, lorsqu'elle nous retrace les solennités instituées dans Israël, pour en perpétuer la mémoire, ne dirait-on pas que c'est de notre patrie que les livres saints ont fait le prophétique tableau! et ces divins oracles ne trouvent-ils pas dans les motifs de la fête qui nous réunit, une application aussi légitime qu'ils purent l'avoir dans celle que vouait à une éternelle célébration, la reconnaissance des Hébreux échappés aux embûches de leurs ennemis....! Tout ce que je vois, tout ce que j'entends, tout ce qui nous entoure, ne rappelle-t-il pas à nos esprits ces jours que la bonté du Ciel recommande à la vénération de la terre? Un peuple tout entier dans la joie, inondant les portiques sacrés, suivant en foule la pompe religieuse qui le guide aux pieds des autels; les mêmes accens d'alégresse s'élevant au même jour, à la même heure, dans toutes les parties de l'Empire; le même encens fumant dans tous les temples; les élans de la joie publique contenus à peine dans l'immense étendue de nos frontières, et les franchissant pour porter aux peuples voisins l'éclatant témoignage des sentimens et du bonheur d'une grande nation : tout, dans le tableau qu'offre aujourd'hui notre patrie, en nous rappelant ces jours que les bienfaits du Seigneur ont séparés de la foule des jours, nous montre les titres de celui qui brille à nos yeux, à des souvenirs que le temps et l'oubli n'effaceront jamais, et nous fait répéter avec les livres saints : *Isti sunt dies...* &c.

Pieux élans de reconnaissance et d'admiration, mouvement sublime d'un peuple qui se sent pressé du double besoin de satisfaire à son Dieu et à son Prince, quel cœur pourrait ne pas vous ressentir! Quel cœur pourrait rester froid devant l'attendrissant spectacle que présente une grande nation qui vient remercier le ciel de lui avoir accordé un

Souverain qui, suivant l'expression d'un auteur célèbre, est à la tête des armées plus qu'un général, dans les combats plus qu'un soldat, sur le trône plus qu'un Empereur, dans l'administration plus qu'un magistrat, sur le tribunal plus qu'un juge ?

A ce portrait du plus grand Prince de l'antiquité, chacun ne reconnaît-il pas notre EMPEREUR ! et pour s'en justifier à lui-même la ressemblance, n'a-t-il pas sous les yeux les événemens qui ont signalé sa carrière, et qui ont renfermé, dans le court espace de quelques années, les travaux d'une longue suite de siècles et de règnes ? N'est-ce pas lui qui, livré à de profondes méditations dans le feu de la jeunesse et des combats, calme dans l'entraînement trop ordinaire de la victoire, indépendant au milieu des systèmes et des opinions, aussi loin des passions que des préjugés, n'appartenant qu'à la vérité et à l'humanité, n'est-ce pas lui qui a voulu que le premier comme le plus fort essai de sa puissance, fût de réintégrer une grande nation dans l'exercice de son culte ; qui par ce grand exemple, a proclamé dans l'univers, que si la religion est le premier besoin des hommes, elle est aussi le premier de leurs droits ?

La France ne l'a-t-elle pas vu quitter les champs de victoire pour ramener, comme *David*, l'arche sainte au milieu d'Israël, pour restaurer les temples,

pour arracher à la profanation les vases du sanc-
tuaire ; *mundavit sancta , glorificavit vasa sanc-
torum !* N'est-ce pas lui qui portant déjà dans son
cœur cette immense famille des Français, dont le
ciel le destinait à devenir le père, trop juste pour
ne pas apprécier les effets des discordes civiles ,
trop fort pour en craindre le retour, trop grand
pour s'apercevoir ou se ressouvenir des injures, a
r'ouvert cette France, vers laquelle se tournaient
leurs yeux chargés de regrets et de larmes, à tous
ceux qui ont voulu y rapporter un cœur vraiment
français, à ceux qui pleuraient avec moi sur les
fleuves de Babylone au souvenir de Sion ! *Super
flumina Babylonis, illic sedimus, ac flevimus, cùm
recordaremur Sion.*

Par qui ces lois qui faisaient l'effroi des citoyens
ont-elles été abrogées et remplacées par ces lois
tutélaires qui présentent une double sauve-garde
aux droits de chacun, dans la sagesse qui les a
dictées, dans la pureté des mains qui en ont été
rendues dépositaires, et qui, en faisant fuir devant
elles les codes obscurs de la vieille Europe, montrent
ce héros législateur régnant par les paisibles conquêtes des institutions et des lois sur les peuples
étrangers à son Empire, sur les contrées que n'ont
point atteintes ses armes ?

Par qui ont été rétablis dans toutes les parties

de l'administration, sous l'œil vigilant d'habiles magistrats, l'ordre et la régularité, l'éclat et la force qui impriment aux affaires du monde une vive image du gouvernement de l'univers , et qui font circuler dans tout l'Empire le mouvement et la vie!

Par qui, à la voix de la nature éplorée, de la société effrayée, ont été recréés ces précieux établissemens destinés à fixer parmi nous les lumières de tous les âges, les principes de toutes les vertus, à féconder les germes de tous les talens, à transmettre aux générations à venir le flambeau des lumières qui auront éclairé tous les peuples et tous les siècles?

Qui a ordonné à la barbarie de fuir de nos cités! à ces fleuves qui égaraient leur cours autour de nos remparts, de couler dans leur enceinte en tributaires des besoins de leurs habitans? aux arts, d'y rentrer en triomphe, de les enrichir de leurs chefs-d'œuvre , de mettre la dernière main à ces monumens délaissés qui, accusant la détresse ou l'insouciance des règnes précédens, semblaient attendre du sien seul le terme pompeux qu'ils avaient en vain demandé à tant d'autres!

Quelle main puissante et hardie, victorieuse de la nature et de tous les obstacles, a su aplanir ces montagnes, renverser ces barrières renommées qui séparèrent trop long-temps des nations que le sort,

achevant l'ouvrage de leur origine commune, se ré-
servait d'unir, et dans ces mêmes lieux qu'environ-
nait l'horreur, a prodigué des miracles d'art et de
puissance, devenus le charme des yeux du voya-
geur et le lien des relations de cent peuples divers!

Quel souverain, par un sentiment qui honore
également l'humanité et les lumières du siècle, s'est
jamais élevé à un acte de munificence publique
pareil à celui qui a fait disparaître à-la-fois de la
surface de ce vaste Empire, la lèpre antique qui
couvrait nos cités d'hommes habitués à se soustraire
aux travaux de toute espèce qui les réclamaient;
trop habiles à tendre des piéges à la compassion, à
surprendre la confiante charité, à léguer à leurs
enfans la contagion de leurs exemples et de leurs
vices, et qui, arrachés maintenant à la honte de leur
hideuse profession, vont désormais légitimer leurs
droits aux secours de leurs nouveaux asiles, par des
besoins réels ou d'utiles travaux!

Quel prince a su, comme lui, pénétrer ses vastes
États de son esprit et de son nom, au point de n'avoir
à craindre aucun relâchement, aucune hésitation
dans les ressorts du Gouvernement, lorsque les affaires ou la voix de la gloire l'appellent loin de ses
frontières, de manière que son éloignement ne soit
jamais son absence, et que rappelé par tous les cœurs,
il ne le soit jamais par aucun besoin!

Quel homme réunit jamais au même degré l'art et le génie de faire marcher de front et concourir au même but les occupations les plus variées à-la-fois et les plus compliquées, et, sans montrer jamais ni gêne ni fatigue, a su suffire seul à tous les genres de travaux, et rester toujours semblable à lui-même au milieu d'affaires toujours différentes !

Quelque lourd que soit, dans tous les temps et pour tous les hommes, le fardeau du gouvernement, combien n'ajoute pas à son poids ordinaire la nécessité de rétablir, dans toutes ses parties, l'État qui se dégage avec effort des ruines entassées par la tempête qui en a bouleversé la face !

Combien alors ne faut-il pas de soins pour en recueillir les débris, de veilles pour en rapprocher les parties, de délicatesse pour toucher à des blessures si récentes et si profondes, d'art pour concilier des intérêts si opposés, de force pour les comprimer et les faire marcher ensemble vers le but commun de la félicité et de la tranquillité publiques, qui, après tant de maux, ont droit à tant d'oubli !

Voilà, dans toute son étendue, la tâche du prince qui hérite d'une révolution. Il doit être à-la-fois un sage médecin, pour guérir une maladie aussi compliquée dans ses causes que funeste dans ses effets, et un pilote habile, pour ramener au port le vaisseau que l'orage avait jeté sur les écueils. Vous tous qui m'écoutez, Français, objets de sa tendresse et de sa constante sollicitude ; vous, confidens de ses pensées magnanimes, nobles dépositaires de sa confiance, ministres de ses généreux desseins, répondez : en mesurant la distance qui sépare l'abyme sur les bords duquel NAPOLÉON reçut la France, du faîte de grandeur et de gloire où il a su l'élever, dites s'il n'a pas été à-la-fois le médecin et le pilote de la patrie ; dites si les hommages qui s'élèvent aujourd'hui du pied des autels, comme de la source la plus pure, sont un tribut payé à l'usage et par la flatterie, ou la vive expression des sentimens que doivent inspirer les plus grands travaux qui aient jamais été accomplis pour le bonheur d'une nation !...

Mais cet irrésistible ascendant du génie de NAPOLÉON ne se borne pas à l'intérieur de son Empire : voyez-le sortant des routes ordinaires de la politique, pour ne suivre que celles qu'il s'est frayées à lui-même, déconcertant ses ennemis par la nouveauté de ses conceptions, prévenant sans cesse leurs desseins, dont il pénètre le secret comme s'il présidait à leurs propres conseils, ne balançant jamais dans ses résolutions, traçant de nouvelles limites à ses alliés agrandis, écartant de ses frontières tout ce qui est ennemi ou menaçant, et remplaçant par des combinaisons et par un ordre de son choix, celui auquel depuis tant d'années l'Europe avait en vain confié le soin de son repos; *aspexit et dissolvit gentes.*

Marche-t-il au combat; c'est le géant qui se lève pour franchir la carrière ; *exultavit ut gigas ad currendam viam.* Sa force est celle du lion , sa rapidité est celle de l'aigle ; il frappe, et tout tombe à ses côtés ; *cadent à latere tuo mille, et decem millia à dexteris tuis.* Quelle terre n'a pas été le théâtre de ses exploits! L'Italie l'a vu arriver par des routes inconnues, interdites jusque-là à l'audace de l'homme, reprendre dans un jour les conquêtes d'une année!... A l'aspect des hauts faits et de la gloire de la jeunesse et de la maturité qui y signalèrent à-la-fois ses premiers pas, cette terre , mère des Héros , dut se sentir revenue aux jours où elle enfantait les modèles et les maîtres du monde. L'Orient, l'Égypte, l'ont vu, en pâlissant, guider ces mêmes drapeaux qu'aux temps de nos pères ils avaient foulés aux pieds. L'Autriche.... Mais des liens chers et sacrés ont scellé l'oubli éternel de nos inimitiés ; et qu'étaient toutes les conquêtes de nos pères , auprès du présent qu'elle nous a fait avec la paix?...

Il n'est pas jusques à ces contrées, à ces bords naguère inconnus à nos légions, reculés vers ces climats qu'atteignent à peine les derniers regards de l'astre du jour, qui n'aient vu leurs défenseurs fuir devant ses coups, et leur antique renommée s'éclipser

devant les rayons de sa gloire, accrus par leur dé-
faite. La victoire ne s'est arrêtée pour lui qu'aux
lieux où finit pour nous l'univers.

Elle le suivra par-tout où il portera ses pas, avec
vous, superbes légions de la France, guerriers magnanimes dont les bras redoutés forment autour de
son trône et de notre patrie un rempart impéné-
trable; vous qui, formés de l'élite des enfans de cet
Empire, réunissant les vertus des guerriers et des
citoyens, laissez loin derrière vous ce que Rome et
la Grèce eurent de plus célèbre! Depuis vingt ans,
et à jamais, vous avez fixé parmi nous la victoire,
qui, transfuge de nos drapeaux, s'attachait depuis
un demi-siècle à ceux de nos ennemis ; vous avez
montré au monde surpris et tremblant ce que péu-
vent vos invincibles phalanges sous des chefs dignes
de les guider. Si vous êtes sans rivaux dans la carrière des combats, vous n'êtes pas moins distingués
par un genre de gloire, qui, entre tous les guerriers,
n'a encore appartenu qu'à vous seuls. Lorsque la
discorde, agitant d'aveugles citoyens, changeait nos
cités et nos champs en arênes teintes du sang fra-
ternel, l'honneur de la nation parut réfugié tout
entier sous vos drapeaux, comme dans son asile
naturel! Détournant, en enfans respectueux, vos
regards des égaremens de votre patrie, vous ne vîtes
que ses dangers, vous n'écoutâtes que vos devoirs,

vous couvrîtes à-la-fois ses remparts de vos corps, et ses erreurs de vos trophées ! Dévouement sublime, tribut admirable de fidélité et de tendresse, vous deviez enfanter des héros !.... vous avez appris aux nations que leurs vertus, endormies dans les palais, se réveillent sous les tentes !....

Lorsque Dieu accorda un roi aux prières de son peuple, et lui transmit son empire sur lui, non content de tracer le tableau des droits du souverain et celui de la dette de la nation à son égard, il voulut encore qu'une consécration solennelle en fît un objet de vénération pour les peuples, les accoutumât à aimer, à craindre, à respecter en lui l'homme de sa droite, en disposant aussi le cœur du Prince à l'accomplissement des devoirs qu'il contractait de son côté envers ses sujets. Par cette intervention sacrée, le Seigneur devint le garant des obligations mutuelles qui lient entre eux les princes et les peuples ; il fortifia par elle le nœud d'une alliance qu'un intérêt commun leur dicte de resserrer sans cesse. Il apprit que les peuples peuvent être libres mais gouvernés, fortunés mais soumis ; que si la puissance découle de lui, elle remonte aussi à lui ; que c'est au ciel que repose la véritable sauve-garde des peuples, et que de là sa voix menaçante ne cesse de crier aux chefs des nations : *Regna propter veritatem et mansuetudinem et justitiam , et deducet te*

(12)

mirabiliter dextera tua. Magnifiques paroles, qui, dans un court tableau, renferment le principe et la destination, les moyens et le but de la puissance que Dieu accorde aux hommes sur leurs semblables; l'essence même de la monarchie, cette noble sauvegarde des sociétés, ce premier besoin de celles qui sont nombreuses et riches. Plus, dans nos longs malheurs, ces liens sacrés avaient été rompus avec violence, plus les augustes cérémonies qui servent de voiles ou d'emblèmes aux grandes idées religieuses avaient été écartées des regards des Français, ou détournées par une impiété calculée vers des scènes profanes, plus il importait de rendre à ces mêmes liens la force et l'éclat dont ils ne peuvent se passer pour remplir leur destination. Cette importante considération ne pouvait échapper à un Prince dont le regard perce jusqu'aux fondemens des sociétés, et qui sait y découvrir la fragilité de toutes les institutions qui n'ont pas la religion pour base principale. Aussi à peine Napoléon a-t-il reçu la couronne que la France vient de lui décerner, qu'il la dépose sur l'autel. Oui, c'est sur cet autel que nos yeux, aussi charmés que surpris du retour inespéré de cette monarchie tutélaire, l'ont contemplé déposant le sceptre que la nation avait remis entre ses mains, comme les seules dignes de le porter. C'est là, c'est en ce même jour que ce puissant Monarque a voulu reconnaître, à la face de l'élite de la France et de l'Europe, qu'il ne tient cette couronne que de Dieu ; c'est là qu'il a voulu prendre l'engagement, si bien rempli depuis, de ne la porter que pour l'honneur de la nation qui l'avait invoqué. Jour vraiment grand et religieux ! jour de triomphe pour la religion et d'alégresse pour la France ! vous nous avez montré tout ce qu'il y a de plus grand et de plus saint parmi les hommes, tout ce que la religion a de plus auguste dans ses cérémonies, tout ce que le monde a de plus éclatant dans ses pompes : mais vous nous avez montré ce même monde aux pieds de la religion, empruntant d'elle un éclat qu'il se sent incapable d'avoir par lui-même ; vous nous avez fait entendre la religion élevant seule la voix, et plaçant ses préceptes et ses recommandations en faveur des peuples, au milieu des acclamations et des hommages qui entourent le Prince qu'elle va consacrer. Lorsque tout lui parle de sa puissance, la religion lui parle de ses devoirs ; lorsqu'on arme ses mains des signes redoutables de son pouvoir, la religion lui dit à quel saint, à quel consolant usage ils sont destinés ; lorsque les ornemens de sa dignité font briller sur toute sa personne l'éclat de la pompe la plus imposante, la religion détourne ses regards de cette pompe extérieure pour les fixer sur les vertus dont ces riches ornemens sont les emblèmes : à quelque hauteur que soit placé le trône sur lequel il s'assied, la religion lui en découvre un autre encore plus élevé, qui sera le prix des vertus qu'il aura montrées sur celui qui n'est qu'un passage vers un trône immortel. Ainsi, dans cette auguste cérémonie, la religion se montre ce qu'elle est, et ce qu'elle sera toujours, unissant la sainteté à la grandeur, le respect au courage, veillant avec tendresse aux intérêts des hommes, et les conduisant dans un accord divin à la félicité de l'autre vie par le bonheur de celle-ci.

C'est donc avec raison qu'un peuple entier célèbre ce jour, puisque c'est à son souvenir que se rattache celui de son bonheur et de ses triomphes. Ce jour sera célèbre entre tous les jours. Nos neveux hériteront pour lui de notre respect et de nos hommages; et lorsque, dans les siècles à venir, les générations qui nous remplaceront sur cette terre demanderont ce que signifie cette solennité, *quæ est ista religio,* la reconnaissance publique, qui immortalise les grands bienfaits et qui forme la mémoire des nations, répondra par la bouche de tous les Français : Nous étions tombés dans un abîme d'irréligion et d'anarchie, le Seigneur nous en a retirés, en suscitant une de ces grandes ames qu'il réserve dans ses trésors pour en faire l'instrument visible de sa puissance, pour ramener du sein des tempêtes le calme et la tranquillité publique, et pour réconcilier les peuples avec lui, quand sa justice est satisfaite : ce changement fut l'ouvrage de la droite du Très-haut, *hæc est mutatio dexteræ Excelsi.* Que d'autres disent, d'où nous viennent ces biens! *quis ostendit nobis bona!* pour nous, Seigneur, nous reconnaissons que les rayons de votre gloire ont éclaté sur nous, *signatum est super nos lumen vultûs tui, Domine.* Vous seul avez amené la joie dans nos cœurs, *dedisti lætitiam in corde nostro.*

Puisse-t-elle, N. T. C. F., n'être jamais troublée! Veuille le ciel continuer sur cet Empire la protection que n'ont point interrompue depuis son antique fondation les vicissitudes des hommes et des temps! qu'il écarte à jamais les nuages qui ont obscurci son bonheur et sa foi! qu'il ajoute à ses prospérités, à mesure qu'il ajoutera lui-même à ses vertus! qu'il élève le trône de notre EMPEREUR, puisqu'il a relevé les autels! qu'il affermisse son Empire, puisqu'il le fait servir au bonheur des hommes qui sont ses enfans! qu'il donne à sa vie si précieuse pour tous, la durée des anciens jours! qu'autour de la tige auguste sur laquelle s'appuient aujourd'hui son trône et nos espérances, croissent de nombreux rameaux qui donnent à son Empire l'immortalité qui s'attache à son nom, et qui, de héros en héros, fassent rester le sceptre dans sa famille aussi long-temps que ce nom vivra dans la mémoire des hommes ! que, comblant ses vœux et les nôtres, une paix éternelle le rende tout entier aux soins de l'affermissement de la religion , de l'administration de l'État, pour faire luire sur nous ces jours dont s'applaudissait *Israël*, à l'ombre du bouclier de *Judas Machabée*, et pour nous donner dès cette vie l'avant-goût de la félicité qui s'éternise au sein de celui qui, seul, peut en être la source et le terme.

A. S. J.

DE L'IMPRIMERIE IMPÉRIALE.
Décembre 1811.